Este libro está dedicado a mis hijos- Mikey, Kobe y Jojo.
Todos sentimos la ira a veces y eso es normal. Lo que hace la diferencia es cómo la manejamos.

Copyright © Grow Grit Press LLC. Todos los derechos reservados. Ninguna parte de este libro puede ser reproducida en ninguna forma sin el permiso por escrito de la editorial. Por favor, envíe solicitudes de pedido al por mayor a growgritpress@gmail.com
978-1-63731-338-1 Impreso y encuadernado en los Estados Unidos. NinjaLifeHacks.tv

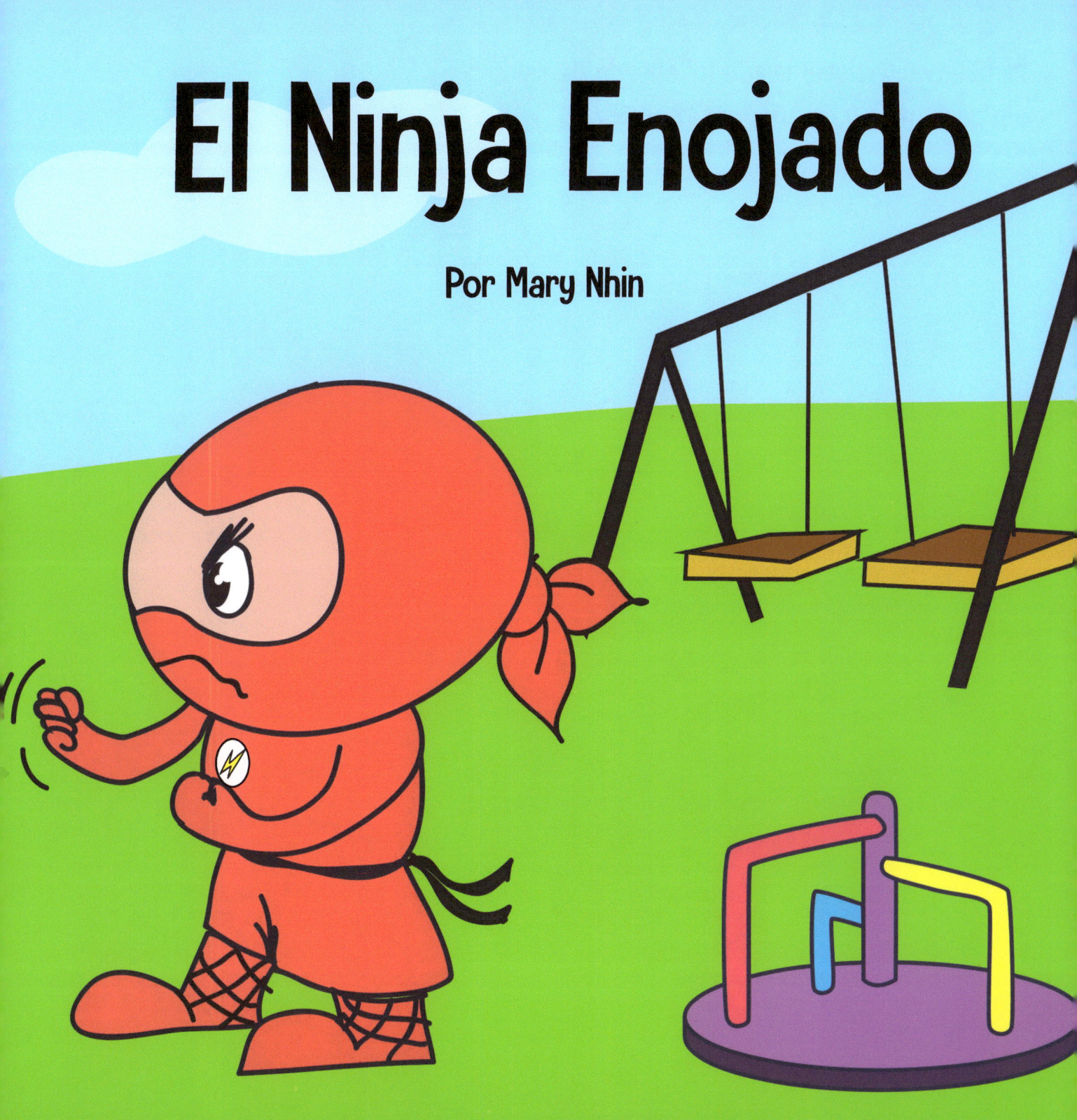

Mi hermanita había usado mi cuerda de saltar sin pedírmela y eso me enojó mucho.

Podía sentir que mi garganta se apretaba, mi corazón latía más rápido y mi respiración empezaba a ponerse pesada.

Sentí como si fuera a gritar en cualquier momento.

No fue divertido estar molesto y tener a todos enojados contigo.

En la tarde, la Ninja Positiva vino a compartir conmigo.

JUGADOR 1	JUGADOR 2
4	18

Estábamos jugando un juego de PIG, pero cuando empecé a perder, me enojé.

¿Y adivina qué pasó?

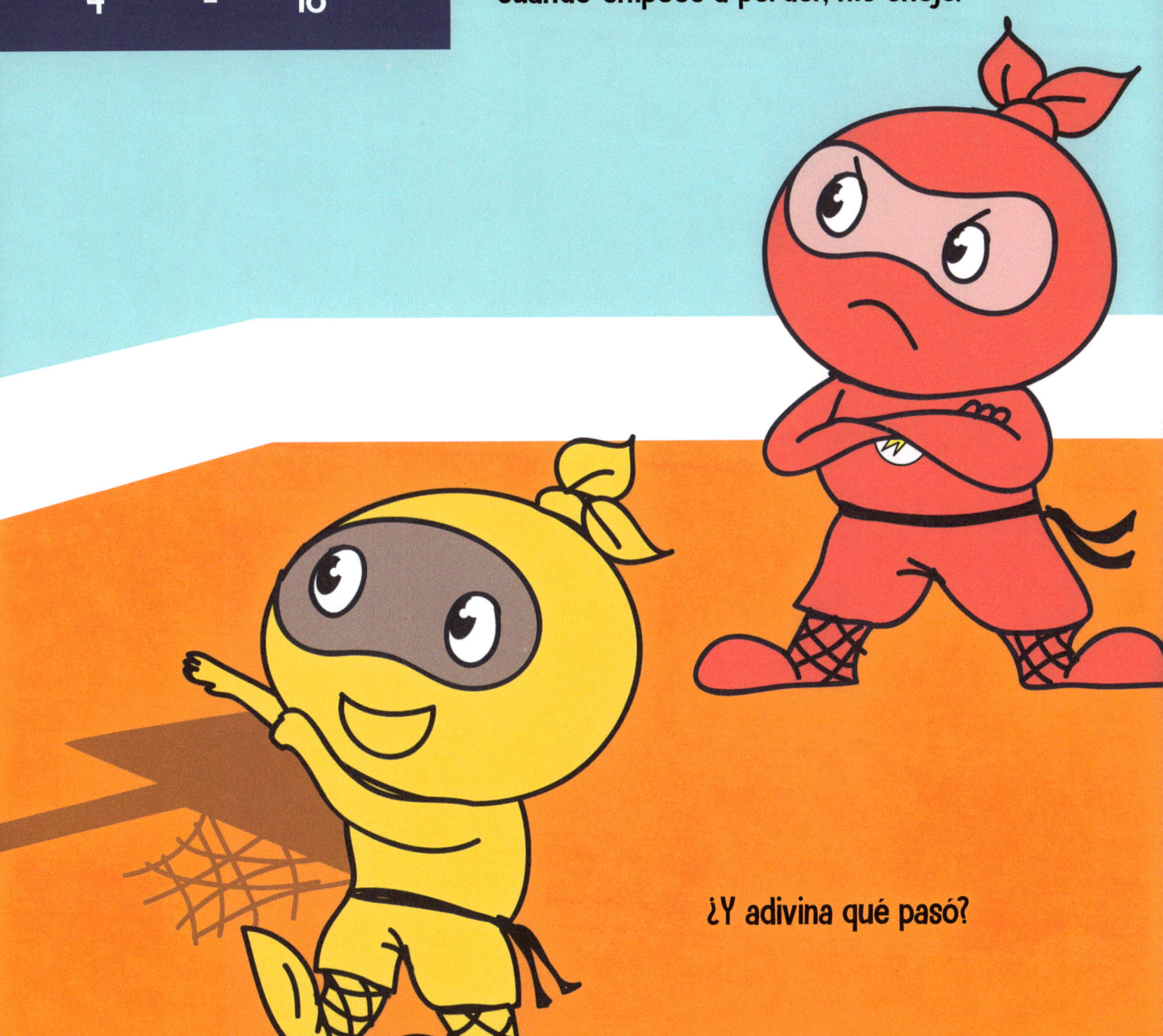

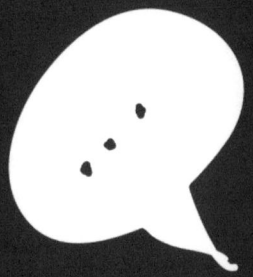

Ya hablamos de eso.

—La ira es normal. Es la forma de manejarla lo que hace la diferencia. Hay algo que practico y es súper fácil —explicó la Ninja Positiva.

Yo uso el 1 + 3 + 10. Digo 1 cosa calmada como "Relájate". Podrías decir, "Respira". Luego tomo 3 respiraciones lentas y profundas. Finalmente, cuento hasta 10.

Después que me haya calmado, puedo añadir un estado de "Estoy_____".
Por ejemplo: si mi hermana rompiera mi juguete, podría decir, "Me siento enojada porque rompiste mi juguete".

Cuando entramos a la casa, me iba a comer un pedazo de pastel de chocolate que mi mamá había horneado.

Pero luego descubrí que mi hermana se comió el último pedazo.

Empecé a apretar los puños y los dientes, pero luego recordé lo que dijo la Ninja Positiva.

¿Y sabes qué pasó después?

"Respira," me dije a mi mismo.
Tomé 3 respiraciones lentas y profundas.

Respira...

1, 2, 3...

Luego, conté hasta 10.

¡Funcionó!
Se sentía extrañamente bien.

Una estrategia simple para mantener la calma podría convertirse en tu arma secreta para controlar la ira.

¡Visita ninjalifehacks.tv para obtener imprimibles divertidos gratis!

 @marynhin   @officialninjalifehacks
#NinjaLifeHacks

 Mary Nhin   Ninja Life Hacks

 Ninja Life Hacks

 @officialninjalifehacks

www.ingramcontent.com/pod-product-compliance
Lightning Source LLC
Chambersburg PA
CBHW040737150426
42811CB00064B/1765